Début d'une série de documents
en couleur

Louis GUIBERT

LE
CHANOINE ARBELLOT

LIMOGES
IMPRIMERIE ET LIBRAIRIE LIMOUSINES
Ve H. DUCOURTIEUX
Libraire de la Société archéologique du Limousin et de la Société Gay-Lussac
7, RUE DES ARÈNES, 7
1901

OUVRAGES DU MÊME AUTEUR *(suite)*

Les Confréries de dévotion et de charité et les œuvres laïques de bienfaisance à Limoges, avant le xve siècle (extrait du *Cabinet historique*). — Paris, Champion, 1883.

Le Prédicateur Menauld (extrait de l'*Almanach limousin*). — Limoges, Ve Ducourtieux, 1884.

Commentaires d'Etienne Guibert sur la Coutume de Limoges (1628) *avec une note sur les différents textes de cette Coutume.* Limoges, Société générale de papeterie, 1884.

Le Bénédictin Dom Col en Limousin. — Limoges, Ve Ducourtieux, 1884.

La Ligue à Limoges (1589). — Limoges, Ve Ducourtieux, 1884.

Journal du Consul Lafosse (1649). — Limoges, Ve Ducourtieux, 1884.

Registres Consulaires de la ville de Limoges, 1508-1790, publié sous les auspices de la Société archéologique et historique du Limousin : publication commencée par M. Émile Ruben, secrétaire général de cette Société et continuée par M. L. Guibert, vice-président, 6 vol. in-8°, 1867-1898.

L'Orfèvrerie et les Orfèvres de Limoges (dessins). — Limoges, Ve Ducourtieux, 1885.

La Corporation Limousine : ses caractères, son rôle, phases principales de son histoire. Rapport présenté au Congrès des œuvres catholiques tenu à Limoges (août–septembre 1885). — Extrait de *La Controverse et le Contemporain.* — Limoges, Ve Ducourtieux, 1885.

Sceaux et Armes des deux villes de Limoges et des villes, églises, cours, etc. Supplément. — Limoges, Ve Ducourtieux, 1885 (dessin de M. Bourdery).

Les Emigrés Limousins à Quiberon. — Limoges, Ve Ducourtieux, 1885.

Des formules de date et de l'époque du commencement de l'année en limousin. Tulle, Crauffon, 1886.

Les Enclaves Poitevines du diocèse de Limoges (carte). — Limoges, Ve Ducourtieux, 1886.

Les Foires et Marchés limousins aux xiiie *et* xive *siècles* (extrait de l'*Almanach limousin.* — Limoges, Ve Ducourtieux, 1887.

Le Limoges d'autrefois, sa physionomie, ses habitants, ses mœurs, ses institutions. — Limoges, Ve Ducourtieux, 1887.

Châlucet (6 dessins de M. F. de Verneilh et plan). — *Ibid.,* 1887. un vol. in-8°.

Les Tours de Chalucet (6 dessins de M. F. de Verneilh et plan). — *Ibid.,* 1887.

La Société archéologique de Limoges à l'Exposition de Tulle, dessin de M. Louis Bourdery). — Limoges, L. Boyer et Ve Ducourtieux, 1887, in-18.

Le Budget de la ville de Limoges au moyen-âge — *Ibid.,* 1888, in-18.

La dette Beaupeyrat. — *Ibid.,* 1888, in-18.

Le Livre de Raison des Baluze. — *Ibid.,* 1888, in-8°.

L'orfèvrerie et les émaux d'orfèvre à l'Exposition de Limoges, en 1886. — *Ibid.,* 1888, in-8° (2 dessins).

Peintures murales de l'église de Saint-Victurnien. — *Ibid.,* 1888, in-8° (dessin).

L'Ecole monastique d'orfèvrerie de Grandmont et l'autel majeur de l'église abbatiale (deux planches). — *Ibid.,* 1888, in-8°.

Exposition rétrospective de Limoges, 1886. — Photographies par Mieusement, texte par L. Guibert (50 planches). Paris, G. Chamerot, in-fol., 1887.

Un mariage à Limoges en 1687. — Limoges, Ve Ducourtieux, 1887 (deux éditions).

Exposition de Limoges : L'Art rétrospectif, par MM. L. Guibert et Jules Tixier, — *Ibid.,* 1888 (104 planches).

Catalogue des manuscrits de la Bibliothèque communale de Limoges (t. IX du Catalogue général des manuscrits des Bibliothèques publiques de France. Départements). — Paris, Plon et Nourrit, 1888.

Le Graduel de la Bibliothèque de Limoges (extraits du *Bulletin du Comité des travaux historiques*). — Paris, 1888.

Livres de raison, Registres de famille et Journaux individuels limousins et marchois, (publ. avec le concours de MM. A. Leroux, P. et J. de Cessac et l'abbé Lecler). — Limoges, Ve Ducourtieux et Paris, Alph. Picard, 1888.

Anciens statuts du diocèse de Limoges (extrait du *Bulletin du Comité des travaux historiques*). — Paris, E. Leroux, 1889.

Les Cahiers de la Marche et du Limousin en 1789. — Ibid., 1889.

Monuments historiques de la Haute-Vienne. Rapport de la Commission nommée par la Société archéologique du Limousin. — Ibid., 1889.

Association des anciens élèves du Lycée de Limoges. Banquet du 27 novembre 1889. Toast au Lycée de Limoges. — Ibid., 1890.

Notice sur le Cartulaire de l'abbaye cistercienne d'Obazine. — Tulle, Crauffon, 1890.

Les syndics du commerce à Limoges. — Limoges, Vᵉ Ducourtieux, 1890.

Les communes en Limousin, du xıı⁰ au xvᵉ siècle (extrait de la *Réforme*). — Ibid., 1891.

La commune de St-Léonard de Noblat au xııı⁰ siècle (plan). — Limoges, Vᵉ H. Ducourtieux, et Paris, Alph. Picard, 1891.

Les Institutions privées et les Sociétés d'économie, d'épargne et de crédit à Limoges (extrait de la *Réforme sociale*). — Paris, Société d'Économie sociale, 1891.

De l'importance archéologique des Livres de raison. (Congrès de la Société française d'archéologie tenu à Brive en 1890). — Caen, Henry Delesques, 1892.

Le troisième mariage d'Etienne Benoist. — Limoges, Ducourtieux, 1892.

Les Manuscrits du Séminaire de Limoges (notice et catalogue). Ibid., 1892.

La Monnaie de Limoges — Ibid., 1893.

Collections et collectionneurs Limousins : la collection Taillefer. — Ibid., 1893 (un dessin de M. Jules Tixier).

Les premiers imprimeurs de Limoges. — Ibid., 1893.

Laron : topographie, archéologie, histoire (plan). — Ibid., 1893.

Reliquaires Limousins : types, formes et décor. — Tulle, Crauffon, 1895.

Nouveau recueil de Registres domestiques Limousins et Marchois, avec le concours de MM. Alfred Leroux, J.-B. Champeval, l'abbé Lecler et Léonard Moufle. Tome Iᵉʳ. — Limoges, Vᵉ Ducourtieux, et Paris, Alph. Picard, 1895. — (Le tome second est sous presse).

Ce qu'on sait de l'enlumineur Evrard d'Espinques. — Guéret, Amiault, et Limoges, Vᵉ H. Ducourtieux, 1895.

Les anciennes confréries de la basilique de Saint-Martial. — Ibid., 1895.

Le Consulat du Château de Limoges au moyen âge. — Ibid., 1895.

Ce que coûtait au xıvᵉ siècle le tombeau d'un cardinal. — Paris, Plon, Nourrit et Cⁱᵉ, 1895.

La Pierre dite de Saint-Martin, à Jabreilles. (Dessin de M. Bourdery). — Limoges, Vᵉ Ducourtieux, 1896.

Prédicateurs et prédications d'autrefois. — Limoges, Perrette, in-32, 1897.

Limoges qui s'en va : 1. Le quartier Viraclaud ; 2. Le Verdurier, Vieille-Monnaie, Arbre-Peint, Raftlhou. (Extrait de la *Gazette du Centre*). — Limoges, Perrette, 1897.

Documents, analyses de pièces, extraits et notes relatifs à l'histoire municipale des deux villes de Limoges, deux volumes in-8 (tomes VII et VIII de la série : archives anciennes publiée par la Société des Archives historiques du Limousin). — Limoges, F. Plainemaison, in-8°, 1897. — Le second volume est sous presse.

Les archives de famille des Péconnet de Limoges. — Limoges, Vᵉ Ducourtieux, 1898.

Les anciennes sépultures de l'abbaye de Saint-Martin-les-Limoges, et la crosse de l'archevêque Geoffroi. — Limoges, Vᵉ Ducourtieux, 1898.

Un livre allemand sur le Limousin (Extrait de la *Gazette du Centre*). — Limoges, imp. de la *Gazette du Centre*, 1898.

Registre des anniversaires de la Communauté de prêtres séculiers de Magnac-Laval. — Limoges, Vᵉ Ducourtieux.

Les Evêques de Limoges et la paix sociale. — Limoges, Vᵉ Ducourtieux, 1898.

La Maison Nivet à Limoges (Planche). — Limoges, Vᵉ Ducourtieux, 1898.

Une affaire de trahison au XVᵉ siècle. — Limoges, Perrette, in-32, 1899.

Anciens Dessins des Monuments de Limoges. — Limoges, Vᵉ Ducourtieux, in-8°, 1900.

Les Vues de Limoges de Joachim Ducieu. — Limoges, Vᵉ Ducourtieux, in-18, 1900.

Limoges. — Imp. Vᵉ H. Ducourtieux, 7, rue des Arènes.

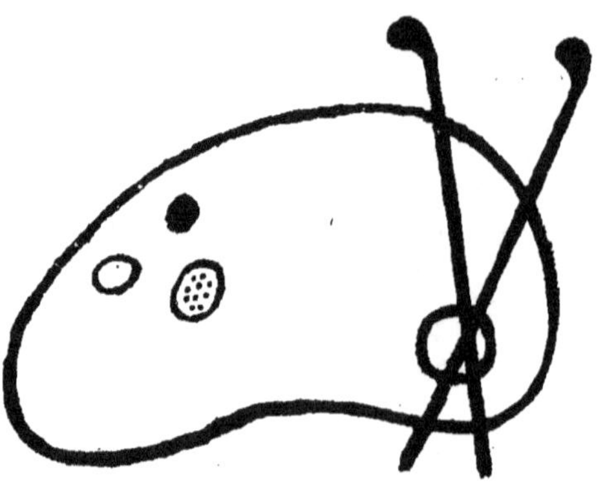

Fin d'une série de documents
en couleur

Louis GUIBERT

LE
CHANOINE ARBELLOT

LIMOGES
IMPRIMERIE ET LIBRAIRIE LIMOUSINES
Vᶜ H. DUCOURTIEUX
Libraire de la Société archéologique du Limousin et de la Société Gay-Lussac
7, RUE DES ARÈNES, 7
1901

M. LE CHANOINE ARBELLOT

LE CHANOINE ARBELLOT [1]

MESSIEURS,

Un deuil de famille nous réunit ce soir et appelle ici, vous n'en doutez pas, le cœur de ceux de nos collègues qui n'ont pu répondre à la convocation de votre Bureau. La perte que ressent si vivement la Société archéologique et historique du Limousin est certes la plus grande et la plus cruelle qu'elle pût éprouver. La mort de M. le chanoine Arbellot laisse dans nos rangs un vide qui n'est pas près d'être comblé. Ce vieillard de quatre-vingt-quatre ans tenait parmi nous une telle place, jouait un rôle si actif dans le fonctionnement de notre association, que nous ne pouvons pas, pour ainsi dire, imaginer que celle-ci subsiste désormais, privée de son incessante sollicitude et de son infatigable dévouement.

La Société a dû, par respect pour la volonté, formellement exprimée, de M. Arbellot, s'abstenir de rendre, le jour de ses obsèques, à celui qui avait été son président pendant plus de vingt-cinq années consécutives, l'hommage public dû à cette vie exemplaire et à cette mémoire vénérée. Mais votre Bureau a décidé que la séance générale de ce soir, la première tenue par notre compagnie depuis la mort de son regretté chef et doyen, serait consacrée à rappeler la carrière du laborieux savant, les titres de l'archéologue et de l'érudit au souvenir reconnaissant de tous les hommes instruits, de tous les patriotes de notre province, les droits du Président modèle et du plus bienveillant des confrères à la gratitude spéciale et à la sympathie durable des membres de la Société. Chargé de cette tâche, j'essaierai de mon mieux de vous

(1) Communication de M. Louis Guibert, secrétaire général de la Société archéologique et historique du Limousin, à la séance du 28 décembre 1900.

retracer cette vie si pleine. Vous suppléerez maintes fois sans doute, à l'aide de vos propres souvenirs, aux omissions involontaires du biographe et aux défauts du portrait, nécessairement imparfait, que j'esquisserai devant vous.

Lorsqu'un des meilleurs préfets dont notre département ait gardé le souvenir, M. Morisot, provoqua, par l'institution d'une Commission chargée d'étudier et de conserver les monuments historiques (3 décembre 1845), la fondation de la Société archéologique et historique du Limousin, l'abbé François Arbellot, fut un des premiers à s'inscrire parmi les adhérents de la nouvelle compagnie. Son esprit sérieux et méthodique, les excellentes études qu'il avait faites, ses habitudes laborieuses, son goût pour les lettres, l'histoire et les monuments anciens, promettaient à l'association qui s'organisait à Limoges une active et précieuse recrue. Il était alors vicaire à Saint-Junien, et consacrait les loisirs que lui laissait le ministère sacré, à compléter son instruction littéraire et à étudier curieusement les restes de l'Antiquité et du Moyen Age, les usages, les traditions subsistant à cette époque dans le canton pittoresque où Mgr Buissas avait envoyé le jeune prêtre, après quelques années de professorat.

L'abbé Arbellot avait à cette époque vingt-neuf ans. Il était né à Saint-Léonard, le 21 décembre 1816. Ce qu'on voit encore des restes du passé dans cette curieuse petite ville à la physionomie si originale, et gardant si fortement l'empreinte des anciens temps, donne une idée bien imparfaite de l'aspect qu'elle avait au commencement de ce siècle. Les impressions de l'enfance ne s'effacent jamais et font sentir leur influence sur la vie tout entière. Ce fut au milieu de ces vieilles maisons aux silhouettes mouvementées, aux baies en ogive, aux fenestrages délicats, auprès de cette belle église si riche en souvenirs, que s'éveilla le goût de François Arbellot pour les études archéologiques. La jeunesse du futur chanoine fut sérieuse. Il appartenait à une vieille famille qui avait occupé une situation notable à Bellac et dont plusieurs rameaux étaient depuis des siècles implantés dans la Basse-Marche. La Révolution n'avait pas été clémente pour certains de ses membres. Le père de François, Martial Arbellot, qui avait épousé Anne Villard, de Bourganeuf, et qui avait à peine vingt ans à la naissance de son fils (ces mariages hâtifs n'étaient pas rares dans les dernières années de l'Empire) se trouvait dans une position peu aisée ; ce fut dans une modeste auberge du faubourg Banchereau que l'enfant vit le jour. Ses parents étaient d'excellents chrétiens, simples et vertueux. A ce foyer presque austère, François contracta des habitudes de sobriété, de travail, de régularité et de piété qu'il conserva toute sa vie. Il passa une partie de ses premières années à Bourganeuf, chez ses grands parents. Il fit néanmoins sa première communion à Saint-Léonard ; sa dévotion précoce édifiait ses petits camarades, dont il ne partageait guère les jeux. Il se montrait grave, réfléchi, lisait beaucoup. Envoyé au collège de Felletin, une de ces admirables fondations réalisées par notre clergé limousin grâce à des prodiges de zèle, d'abnégation, de persévérance et d'économie, il y montra, avec la même piété exemplaire qu'il avait manifestée dans sa famille, une docilité constante, une application soutenue, une intelligence ouverte et le meilleur esprit. C'était un excellent élève, solide plus que brillant, bien qu'il aimât déjà la poésie et la cultivât dès la troisième ou la seconde. Le jeune Arbellot eut à Felletin, pour condisciple et pour émule, un futur littérateur de l'esprit le plus délicat, Octave Lacroix, et pour professeur de rhétorique, l'abbé Hippolyte Delor, alors tout rayonnant de jeunesse et tout vibrant de poésie. Le caractère timide et réservé, un peu froid même en apparence de l'élève, ne paraissait guère en harmonie avec la nature ardente et expansive du maître. Une singulière sympathie s'éveilla pourtant dans leurs cœurs, et des relations de confiance et d'affection qui devaient durer plus de soixante ans s'établirent entre ces deux hommes. Quand, il y a peu de mois, l'ancien professeur, devenu le pasteur bien aimé de la première paroisse du diocèse, s'éteignit plein d'années, après un ministère de plus d'un demi-siècle, le chanoine Arbellot mentionna sa mort sur ce précieux cahier de notes auquel il confiait brièvement ses impressions, ses inspirations fugitives, ses plans de travail, ses pieuses pensées, et il y inscrivit sans phrase, mais Dieu sait avec quel deuil profond dans l'âme, la perte de « son meilleur ami ».

La vocation du jeune homme pour le sacerdoce s'était dessinée depuis longtemps. Elle s'affermissait de jour en jour : vocation forte, persévérante, sûre, sans soubresauts, sans hésitation ni défaillance. Il entra au séminaire à dix-neuf ans. Les directeurs le considérèrent dès les premiers jours comme un des plus studieux, des plus pieux et des plus exacts parmi les jeunes aspirants au ministère ecclésiastique. On tenait François Arbellot en haute estime et on lui confia une des fonctions dont on investit seulement les jeunes gens jugés les plus sérieux : celle d'aumônier des domestiques de la maison. Ses camarades, qui l'aimaient tous malgré sa réserve, le taquinaient parfois ; mais, sans aigreur, il ripostait à leurs attaques, et comme il ne manquait pas d'esprit de répartie, ces escarmouches finissaient le plus souvent à son avantage. Il n'en tirait pas vanité : tout au plus célébrait-il sa victoire par quelques vers improvisés qui passaient de bouche en bouche et égayaient pendant une heure l'existence monotone du séminaire.

Les études ecclésiastiques de François Arbellot étaient achevées. Son esprit comme son cœur se trouvaient prêts à recevoir le sceau du sacerdoce. L'ordination de 1839 eut lieu le 21 décembre ; il s'en fallait d'un jour que le jeune homme eût accompli, ainsi que le veut la règle canonique, sa vingt-troisième année. Il assista donc à la cérémonie générale comme simple acolyte, et le lendemain il eut les honneurs d'une cérémonie particulière dans la chapelle du Palais épiscopal. Cette date du 22 décembre fut toujours pour lui l'anniversaire du grand jour de sa vie. Nous l'avons célébrée, avec le digne prêtre, à deux époques particulièrement solennelles. Unanime dans son affection pour le plus zélé et le meilleur des présidents, la Société archéologique en a fêté, en 1889, le cinquantième retour, en 1899 le soixantième : les noces de diamant..... Tous ceux d'entre nous qui, il y a un an, se pressaient autour de M. Arbellot dans cette grande chambre du boulevard de la Corderie, encombrée de livres et de papiers, trop étroite ce jour là pour nous recevoir, se rappellent notre profonde émotion et la joie touchante du digne chanoine de sentir ainsi le cœur de sa chère Société battre contre le sien en un tel jour.....

Au sortir du séminaire, le jeune abbé fut désigné par son évêque pour professer au collège de Felletin, où il avait, on l'a vu, laissé comme élève les meilleurs souvenirs. On le chargea, pour débuter, d'une petite classe ; mais l'année d'après le cours de philosophie lui fut confié. Bon latiniste, connaissant ses auteurs sacrés comme ses écrivains classiques, laborieux et esclave de ses devoirs, il devait être un maître modèle. Désireux de justifier la confiance de ses supérieurs, il prenait sur son sommeil pour mieux préparer sa classe. Sa santé, qui n'était pas des plus fortes, s'en ressentit. Les inquiétudes que l'état de M. Arbellot inspira alors à ses amis furent une des causes de son départ de Felletin : un dissentiment survenu entre lui et le supérieur de la maison hâta toutefois ce départ.

A cette période de sa vie, les études littéraires semblent avoir surtout charmé les rares heures de liberté que lui laissaient ses obligations de prêtre et de professeur. Son goût pour la poésie s'accentuait loin de diminuer et il composait des pièces de vers dont beaucoup sans doute ont été perdues. Un volume imprimé en 1842 chez Blondel, à Limoges, et dont le libraire Durand fut certainement le véritable éditeur : *La Lyre Chrétienne,* inséra, sous le voile de l'anonymat, quelques morceaux de l'abbé Arbellot : *les Deux Colombes du cimetière, le Départ d'un ange, la Mère du chevalier, l'Ermite et le pèlerin.* Ces vers, il faut le reconnaître, n'ont rien d'un chef-d'œuvre : ce sont des essais d'écolier, remontant à 1836, 1835 et même à 1834. Les *Poésies d'un collège chrétien,* réunies par l'abbé Delor, renferment un certain nombre de pièces de son ancien élève devenu son collègue: d'autres ont paru isolément dans divers journaux ou recueils. Les vers du futur Président de la Société archéologique sont toujours corrects et ne manquent ni de sentiment ni d'harmonie ; néanmoins ceux de quelques-uns de ses confrères d'alors nous semblent supérieurs : la poésie de M. Delor, par exemple, a plus de grâce, d'entrain et d'éclat ; celle de M. Neveux, plus de douceur pénétrante ; celle de M. Bonnet, un accent plus personnel. Mais aucun des émules de M. Arbellot n'avait une facilité comparable à la sienne : on conte que, se trouvant un soir, à l'Evêché, avec Eugène de Pradel, le jeune prêtre donna la réplique au célèbre improvisateur et se tira à son honneur d'une joute où peu de poètes de notre connaissance eussent fait bonne figure. De cette époque datent quelques brocards rimés, quelques couplets malicieux du jeune vicaire à l'adresse du chapitre dont il devait être membre un jour. Beaucoup d'académiciens n'ont-ils pas, avant de s'asseoir sous la coupole du palais Mazarin, malmené en prose ou en vers l'Académie ?

La poésie demeura jusqu'au bout une des jouissances intimes de l'abbé Arbellot ; nous dirions : une de ses passions, si le mot ne paraissait peu en rapport avec l'attitude contenue et la physionomie placide de l'excellent prêtre. Il ne faudrait pas croire pourtant qu'il fût un impassible ou un indifférent. Loin de là : ceux qui l'ont connu savent que, si ses impressions et ses émotions se traduisaient peu à l'extérieur, elles n'en étaient pas moins profondes, et qu'en dépit de ses apparences presque froides, il sentait vivement et aimait de même. Il connaissait bien ses classiques, Virgile surtout ; mais il lisait de préférence aux auteurs de l'antiquité, les poètes religieux du moyen âge, où, sous une forme parfois tourmentée, il trouvait l'écho vibrant de sa foi : parmi ceux-ci, Dante surtout lui était familier. Il y revenait sans cesse et volontiers le citait. Il s'essayait même à traduire les puissants tercets du Florentin, car il ne renonça jamais à la versification et il se plaisait, jusque dans sa vieillesse à interpréter dans la « langue immortelle » ses pensées, ses souvenirs et ses aspirations. Ses cahiers de notes sont remplis de petites pièces : cantiques, prières, compliments, souhaits de fête, maximes ou aphorismes, qui gardent l'accent tantôt d'une foi robuste, d'une tendre piété, tantôt d'une cordialité, d'une bonhomie, d'une simplicité charmante, et qui valent mieux, à notre gré, que les compositions, d'inspiration un peu factice, de l'élève de rhétorique ou du jeune professeur. — Peu de jours avant sa mort, étendu sur son lit de douleur, M. Arbellot trouvait encore une distraction à ses souffrances en dictant à sa nièce quelques vers touchants.

Depuis 1843, le professeur de philosophie de Felletin était devenu vicaire à Saint-Junien ; il y était l'auxiliaire d'un prêtre distingué, l'abbé Vidal. Son séjour de quatre ans dans cette ville fut très favorable à ses études archéologiques. M. Arbellot avait été mis en rapport, dès les premiers mois de son installation, avec un brave artisan que beaucoup d'entre nous ont connu et qui mérite un souvenir sympathique, le « père » Bourgoin-Mélice. M. Bourgoin-Mélice manquait absolument d'instruction première, mais il était plein de respect pour la science et passionné pour l'antiquité. Le moindre débris du passé appelait son attention, et il ramassait tout : morceaux de briques et fragments de meubles, vieux tableaux, vieilles clés, vieilles pierres et vieux papiers. Cet excellent homme a été un des donateurs principaux du Musée fondé par la Société archéologique et plusieurs des objets que nous lui devons ont une réelle valeur. Ah ! Messieurs, que n'avons-nous beaucoup de Bourgoin-Mélice !

Le jeune vicaire dut à l'excellent homme, qui est resté jusqu'à sa mort membre de la Société archéologique, la communication d'objets intéressants et de documents précieux. Il sut tirer, pour la science, le meilleur parti des uns et des autres. Dès cette époque, où pourtant les textes n'étaient pas encore en grand honneur, il se rendait compte de la nécessité d'appuyer les études historiques sur des documents précis, dûment contrôlés et autant que possible sur des témoignages de première main. Nous le verrons toujours fidèle à ce programme, qui a été celui de tous les savants dignes de ce titre.

Deux des ouvrages de M. Arbellot, les deux premiers qu'il ait publiés, ont été composés pendant cette période de sa carrière : sa *Notice sur le tombeau de Saint-Junien,* qui parut en 1847, et son édition de la *Chronique de Maleu,* qu'accompagnent d'intéressants documents sur la ville de Saint-Junien, et qui vit le jour en 1848.

Ces deux publications dénotent déjà les qualités d'investigation persévérante, d'exactitude minutieuse, de précision, d'érudition qui doivent distinguer les ouvrages de M. Arbellot. Le mémoire relatif à l'intéressant monument élevé sur la sépulture de l'ermite de Commodoliac, fut lu, en 1847, à une séance de la Société archéologique ; mais ce n'était pas la première communication du jeune vicaire à cette compagnie : il avait donné lecture à ses confrères, dans une des premières réunions, de quelques pages sur Champcé et Saint-Georges-Nigremont, dans la Creuse. Cette courte notice accompagnait le don, au musée qui venait de se créer, de fragments antiques découverts dans la première de ces localités.

Le *Bulletin de la Société archéologique de Limoges* n'était pas le seul recueil auquel, dès cette époque, collaborât le laborieux ecclésiastique. Il avait dès 1845 ou 1846 écrit pour l'*Album de la Creuse*, qui parut en 1847, une intéressante notice sur Felletin. De plus il était entré en correspondance avec M. de Caumont et adressait au savant archéologue des communications dont le *Bulletin monumental* a publié quelques-unes. Un peu plus tard, il devenait correspondant du ministère de l'Instruction publique, et les divers comités qui se succédèrent reçurent de lui nombre d'informations utiles, de notices et de mémoires sur les édifices de la province et les restes de toute sorte de l'antiquité qu'on y découvrait.

L'abbé Arbellot avait été, dès le début, apprécié à sa juste valeur par ses collègues de la Société. Désigné pour faire partie de plusieurs commissions, adjoint aux premiers conservateurs titulaires du Musée, il devint bientôt un des membres notables de la compagnie, un de ceux qui contribuèrent le plus à lui imprimer l'excellente direction qu'elle a suivie depuis ses débuts. Aussi, quand on eut à pourvoir aux fonctions de secrétaire général, qu'avait occupées l'auteur de l'*Histoire de la Bourgeoisie*, Achille Leymarie, songea-t-on poar remplacer celui-ci à M. Arbellot, qui, en 1847, avait été appelé à Limoges et remplissait un poste de vicaire à la Cathédrale : celui-ci fut élu à la séance du 9 décembre 1849 et garda cette charge jusqu'à sa nomination à la cure de Rochechouart, en 1856. Un homme de talent et de cœur lui succéda : Othon Péconnet.

Pendant ces sept années, le laborieux ecclésiastique fut le plus zélé des membres de la compagnie et la cheville ouvrière de son fonctionnement. Ses procès-verbaux sont clairs, précis, substantiels : pas un détail oiseux, pas une phrase inutile ; mais tout ce qu'il importe de retenir d'une lecture ou d'une discussion. Le nouveau secrétaire général donnait un concours précieux au Président, qui était alors M. François Alluaud, grande intelligence et haute personnalité, autour duquel se groupait une phalange d'érudits, d'artistes, d'hommes distingués dans tous les genres : l'abbé Texier, les frères de Verneilh, Leymarie, le Dr Bardinet, Gay de Vernon, Adrien Dubouché, Joseph Brunet, Mazard, Navières de La Boissière, O. Péconnet, Auguste Du Boys, Grellet-Dumazeau, Maurice

Ardant, Astaix, Paul Charreire, Ardant du Masjambost, Perdoux, Roy de Pierrefitte. Plus tard d'autres hommes intelligents et dévoués, d'autres laborieux, d'autres chercheurs vinrent renforcer cette élite ou combler les vides que la mort creusait dans ses rangs : Buisson du Masvergnier, Henri Ducourtieux, Albert Guillemot, Emile Ruben, pour ne parler que des morts. Notre Société conserve avec une pieuse fierté le souvenir de ces premières générations dont le brillant sillon guide toujours sa marche et dont l'excellent esprit n'a pas cessé de l'inspirer.

Nous les évoquions ensemble, il n'y a pas bien longtemps, ces intéressantes et sympathiques figures. C'était, vous vous en souvenez, le 16 juin 1895 : la Société célébrait le cinquantième anniversaire de sa fondation, et de toutes les villes voisines, des amis étaient accourus nous apporter le salut et les vœux d'associations sœurs de la nôtre, animées du même esprit de dévouement à la science et à la patrie. Il avait été décidé qu'à cette fête du souvenir, les morts auraient leur part spéciale : une messe pour nos défunts fut célébrée à la Cathédrale. L'ancien Secrétaire général de la Société, devenu son Président, n'avait voulu laisser à aucun de nos confrères ecclésiastiques la consolation d'offrir le Saint Sacrifice pour tous ces morts qu'il avait connus, aimés, dont il avait partagé les nobles sollicitudes et les labeurs désintéressés.

La Société française d'archéologie, fondée par M. de Caumont, dont tout le monde connaît les excellents ouvrages, la vaillante initiative et l'infatigable dévouement à la science, avait, dès les débuts de la Société limousine, entretenu avec celle-ci les rapports les plus fréquents et les plus cordiaux. Ces relations avaient pris un caractère plus intime lors du congrès scientifique tenu à Limoges en 1859 et dont M. Arbellot avait été un des principaux organisateurs et le secrétaire général adjoint. Parmi les amis qui nous entouraient aux fêtes de notre Cinquantenaire, et qui s'associaient à nos souvenirs et à nos regrets comme à notre joie et à nos espérances, en parfaite communion d'esprit et de cœur avec nous, se trouvait le successeur d'Arcisse de Caumont et de Léon Palustre à la présidence de la grande association, le bienveillant et aimable Comte de Marsy, dont la mort récente a été un véritable deuil pour nous tous. Venu à Limoges en compagnie d'un groupe assez nombreux de ses confrères, il ne nous apportait pas seulement les vœux de sa compagnie : il était chargé par elle de remettre à notre Président, depuis longtemps membre de la Société française et l'un de ses Inspecteurs, une des grandes médailles de l'association, la plus haute des récompenses qu'elle décerne. Nous venions nous-mêmes d'offrir à M. Arbellot et à un de nos plus zélés confrères, M. Nivet-Fontaubert, un autre ouvrier de la première heure, des « jetons de présence » en vermeil, frappés spécialement pour conserver le souvenir du cinquantième anniversaire de leur entrée dans notre Société. Avouons-le : nous aurions voulu qu'une récompense d'un autre ordre fût donnée à notre Président et s'ajoutât à ces témoignages d'estime et d'affection. Si flatteurs qu'ils fussent, ce n'était pas assez à notre gré. Un demi-siècle d'un concours laborieux, efficace, constant à une œuvre de patriotisme et d'utilité publique, vingt ans de la présidence la plus vigilante et la plus dévouée, une série de travaux dont plusieurs offrent un incontestable mérite, tels étaient les titres dont nous avions appuyé une requête adressée au Ministre de l'Instruction publique en vue d'obtenir pour M. Arbellot la croix de la Légion d'honneur : nous croyions de tels titres décisifs; ils ne furent pas jugés suffisants. Une seconde démarche, tentée il y a peu de mois, à la veille de l'Exposition, n'eut pas plus de succès. M. Arbellot est mort sans que nous ayons eu la joie de voir briller la croix sur sa poitrine : nous l'avons sincèrement regretté; il était de ceux qui honorent une décoration.

Les années que M. Arbellot passa à la cathédrale en qualité de vicaire comptent parmi les plus laborieuses de sa carrière. Trois de ses principaux ouvrages, ceux qui devaient appeler sur lui l'attention des savants et donner à son nom une juste notoriété, datent de cette époque : l'*Histoire de la Cathédrale de Limoges* (1852), qui lui valut une mention honorable de l'Académie des Inscriptions ; la *Biographie des Hommes illustres du Limousin*, composée en collaboration avec Auguste Du Boys et dont le premier volume seul a paru (1854); la *Dissertation sur l'apostolat de Saint Martial et sur l'antiquité des églises de France* (1855). Ces trois livres furent pour ainsi dire le point de départ des trois séries de recherches et de travaux qui devaient remplir la longue existence de l'auteur.

A la même période se rattachent quelques publications de moindre importance : une *Notice sur le château de Châlusset*, premier travail sérieux consacré à la puissante forteresse (1851), et une *Revue archéologique de la Haute-Vienne* (1854) ne justifiant qu'incomplètement le sous-titre de « Guide du voyageur en Limousin », renfermant toutefois un grand nombre d'indications précises et utiles.

Promu à la cure-archiprêtré de Rochechouart, M. Arbellot alla occuper ce poste où il devait demeurer vingt ans. Dans une ville divisée, où des questions assez délicates de personnes rendaient les relations difficiles, il réussit, par sa courtoisie, sa réserve, son tact,

·son attitude à la fois correcte et indépendante, à se concilier les sympathies de la population et à entretenir de bons rapports avec tout le monde. Evitant soigneusement toute ingérence dans le domaine de la politique, il voulait que rien ne l'empêchât d'être le pasteur de tous. Il le fut vraiment, et, sauf dans une seule occasion, à propos d'un fait de peu d'importance du reste, n'eut jamais aucune difficulté avec les administrations qui se succédèrent à Rochechouart.

Au mois de janvier 1877, Mgr l'Evêque offrit à M. Arbellot, depuis longtemps chanoine honoraire, un canonicat vacant par la mort de M. l'abbé Ribière. Bien qu'il en coûtât au digne archiprêtre de quitter une ville où il comptait de nombreux et excellents amis, il se décida à accepter. Il venait d'atteindre la soixantaine et aspirait, non pas au repos, mais à une liberté que ne pouvait lui donner l'administration d'une paroisse importante et à des loisirs dont ses études scientifiques devaient bénéficier. M. Arbellot s'installa défi-nitivement à Limoges et son existence se lia plus intimement encore avec celle de la Société archéologique, aux travaux de laquelle il n'avait du reste jamais cessé de prendre une grande part. Alors qu'il était curé de Rochechouart, il venait souvent à Limoges pour assister aux séances. Rappelons à ce sujet un détail connu de peu de nos collègues : ce fut en vue de faciliter la présence de l'abbé Arbellot aux réunions, et sur sa demande, que la tenue de celles-ci fut fixée au dernier mardi de chaque mois.

Depuis le 28 novembre 1865, M. Arbellot était vice-président de l'Association. Il en fut élu président le 23 février 1875, en rempla-cement de M. Dubédat qui venait d'être nommé conseiller à la Cour de Toulouse et nous quittait emportant nos plus affectueux regrets. Depuis lors, tous les trois ans, il a été renommé à l'unanimité des voix, moins une seule : la sienne.

Nous avons signalé plus haut trois ouvrages publiés par M. Arbel-lot pendant qu'il remplissait les fonctions de vicaire à la cathédrale de Limoges et nous avons dit qu'on pouvait les considérer en quel-que sorte comme les amorces des diverses séries de travaux qui devaient tour à tour occuper son âge mûr et sa vieillesse : mono-graphies archéologiques ou historiques, — biographies, — études relatives à l'hagiologie et aux origines ecclésiastiques.

Attaché par les liens les plus étroits et les plus chers à cette église matrice de Saint-Etienne qui avait été restaurée d'une façon si intelligente et si heureuse sous l'épiscopat de Mgr Buissas, M. Arbellot se plut à étudier le magnifique édifice dans les détails de sa construction, dans les monuments particuliers qu'il renferme et dans les souvenirs qu'il évoque. Après avoir donné, en 1852, comme nous l'ayons vu, un volume où se trouvent réunis, à de précieux documents ayant trait à l'édification de la cathédrale, des renseignements de toute sorte sur son histoire puisés dans nos chroniques, nos annales et les pièces de nos archives, il fit paraître, en 1869, une notice sur le tombeau de Jean de Langeac ; en 1878, une autre sur le Jubé. Il avait déjà, au Congrès scientifique de 1859, communiqué à ses collègues une courte étude sur le tombeau de Bernard Brun. A maintes séances de la Société archéologique, il nous a entretenus de sa chère cathédrale, de l'âge des diverses parties de l'édifice, de ses substructions, des œuvres d'art qui la décorent, des diverses particularités qui s'y rapportent. Lorsqu'un évêque à qui le mot *impossible* était inconnu, reprit les travaux de construction de Saint-Etienne, après plus de trois siècles d'interruption, M. Arbellot voulut en quelque sorte s'associer à l'œuvre de Mgr Duquesnay en réunissant tout ce qu'il avait recueilli sur l'illustre monument : il en composa une monographie définitive, très substantielle, que l'absence de dessins et de plans rend malheureusement incomplète et qui parut en 1883.

Parmi les notices archéologiques ou les études sur un point précis d'histoire que nous rangeons dans cette première catégorie des œuvres de M. Arbellot, nous devons, après le *Tombeau de Saint-Junien* et *Châlusset,* mentionner le mémoire sur *les Trois chevaliers défenseurs de la Cité de Limoges* (1858), rappelant une merveilleuse prouesse dont les chroniques de Froissard donnent le récit, et fournissant des renseignements sur les auteurs de ce beau fait d'armes ; celui sur *Notre-Dame du Pont,* de Saint-Junien, l'élégant sanctuaire où vint s'agenouiller le roi Louis XI (1878) ; *la Vérité sur la mort de Richard Cœur-de-Lion* (1878), établissant solidement, par les textes des auteurs français et anglais contemporains, le lieu et les circonstances principales d'un événement historique dont la portée et les conséquences dépassèrent les frontières de notre province (mention honorable au concours des Antiquités nationales) ; *les Chevaliers Limousins à la première Croisade* (1881), notice incomplète, les cartulaires fournissant quantité de noms de croisés de la province omis par M. Arbellot ; le *Mémoire sur les statues équestres de Constantin* (1885), qui contient des vues trop restreintes peut-être et des affirmations hasardées sur une question intéressante ; les *Ermites en Limousin* (1885) ; *Origine des noms de lieux* (1887) ; l'*Œuvre de Limoges : la Croix des Cars* (1888) ; *Sculptures de Notre-Dame de la Règle : Roland* (1890) ; *Zizim à Bourganeuf et à Rome* (1891) ; *Saint Martial à Auziac* (1892) ; *Frère Séguin et Jeanne d'Arc* (1893); *Du Théâtre en Limousin au seizième siècle* (1893) ; *Saint Antoine de Padoue en Limousin* (1895); *Notice historique et archéologique sur l'église de Saint-Léonard* (1897); *Du Guesclin en Limousin* (1898).

A cette catégorie de travaux se rattachent les chapitres que M. Arbellot a donnés aux *Récits d'histoire du Limousin* (Barbou, 1885), dont il avait eu la première idée et auxquels il collabora activement, — et maints articles sur les sujets les plus divers, qu'on retrouve en feuilletant la collection déjà volumineuse de la *Semaine religieuse* du diocèse.

Les recherches biographiques doivent compter parmi les travaux les plus solides et les plus utiles de M. Arbellot. Pourquoi s'est-il obstinément refusé à refondre le recueil général de notices limousines qu'il avait préparé en collaboration avec Auguste Du Boys ? Nous l'ignorons, et pour notre part nous avons vivement regretté de ne pas le voir profiter des très nombreuses et très précieuses notes recueillies par lui au cours de ses longues recherches, pour donner la fin de cet ouvrage, ou mieux, pour en préparer une nouvelle édition. Tout en n'accédant pas au vœu que plusieurs d'entre nous lui avaient maintes fois exprimé à cet égard, M. Arbellot enrichissait sans cesse sa collection de biographies. Il en a publié un assez grand nombre dans le *Bulletin de la Société archéologique* et dans la *Semaine religieuse*. Quelques-unes même ont paru en volumes, celle par exemple de François de Rousiers (1859), qui retrace une physionomie intéressante et digne de mémoire, et celle du Général Arbellot (1890), consacrée à un brave soldat d'Afrique, membre de la famille de l'auteur. Notons, parmi les autres, celles de Félix de Verneilh (1865), de l'abbé du Mabaret (1867), du P. Honoré de Sainte-Marie (1869), du P. Bonaventure de Saint-Amable (1877), du P. Rouard de Card (1879), de l'Oratorien Gabriel Ruben (1881), du P. Solier (1887), de l'abbé Vitrac (1888), de Dom Pradilhon et de l'abbé Oroux (1890), d'Aimeric Guerrut, archevêque de Lyon (1891), de Guillaume Lamy, patriarche de Jérusalem (1892), des Bénédictins de Saint-Maur originaires du Limousin (1892), du chartreux Jean Birel (1900), de Martial de Brive (1893), de Bernard Gui (1896). Les deux dernières sont en même temps, comme plusieurs autres de celles que nous avons citées, des notices littéraires et bibliographiques.

Une question des plus obscures et des plus ardues, un de ces problèmes historiques pour lesquels les éléments suffisants d'information font défaut et qui jettent les plus savants dans l'em-

barras, occupa la meilleure part des heures studieuses de l'abbé
Arbellot, absorba même complètement les dernières années de
sa vie. Nous voulons parler de la grande controverse sur l'apostolicité des églises des Gaules, sur la date de l'évangélisation méthodique pour ainsi dire de nos contrées et de l'établissement des
premiers sièges épiscopaux. — Suivant des traditions anciennes et
respectables, appuyées par malheur d'indices trop incertains et
de témoignages parfois suspects, la plus grande partie, une partie
très notable tout au moins de la France actuelle, aurait reçu la
doctrine chrétienne et possédé un épiscopat dès le temps des
apôtres, avant la fin du premier siècle tout au moins. L'école critique conteste cette tradition, se fondant plutôt sur l'absence des
monuments que sur des preuves positives et des témoignages caté-
goriques. On voit quel champ est ouvert aux discussions. La que-
relle n'est pas d'hier. Engagée déjà au Moyen âge, elle a été
reprise au dix-septième siècle et a donné lieu à de violentes polé-
miques. M. Arbellot fut amené, presque dès le début de ses études
historiques, à aborder ce difficile problème. Il s'occupait dès lors
de rechercher et de collationner les anciens textes de la vie de
notre saint Martial, que la légende, dans son état primitif, nous
présente comme appartenant aux temps apostoliques et qu'une version plus amplifiée de cette légende, la seule publiée alors, tient pour
un disciple de Notre-Seigneur, un témoin, un acteur même de plusieurs scènes dont les Evangiles ont conservé le récit. Après
l'historien Adémar de Chabannes qui s'était montré au commencement du xi⁰ siècle le défenseur fougueux de la tradition, le
carme Bonaventure de Saint-Amable en avait été, à la fin du
xvii⁰ siècle, l'érudit et prolixe champion, et il en avait accepté et dé-
fendu tous les détails, avec autant d'ardeur que de foi, mais avec un
manque absolu d'esprit critique. M. Arbellot se proposa de repren-
dre le travail et les arguments de l'excellent religieux, en révisant
les textes, en les examinant aux lumières d'une critique sage et
prudente, et en étendant, à l'occasion, à d'autres provinces les
constatations qui auraient été ainsi acquises pour le Limousin. Il
entretint, pour la première fois croyons-nous, la Société archéologique de ce programme en 1853 et lui lut à plusieurs reprises
des fragments de son mémoire, qui parut en 1855 sous ce titre :
*Dissertation sur l'apostolat de Saint Martial et sur l'antiquité des
Eglises de France.* Ce livre, composé avec méthode, bien docu-
menté, fort substantiel, eut un assez grand retentissement. Des
relations s'établirent, après sa publication, entre l'auteur et plusieurs membres notables de l'épiscopat. L'ouvrage fut critiqué,
mais valut à M. Arbellot des éloges et des adhésions d'historiens

de premier ordre, d'Augustin Thierry et de Montalembert entre autres. A ce moment, la liturgie romaine travaillait à substituer sa majestueuse unité à la diversité des liturgies nationales et locales. Chaque diocèse avait dû soumettre à la congrégation compétente les offices de ses saints. Celui de Limoges, comme les autres, sollicitait le maintien des anciennes *leçons* de ces offices, de celui, entre autres, de Saint Martial, son apôtre et son premier évêque. Le mémoire de M. Arbellot, dans sa forme primitive, avait constitué en quelque sorte la requête de notre église en vue d'obtenir la confirmation du titre et des prérogatives attribuées jusque là au fondateur de ce siège, un des plus anciens et des plus illustres des Gaules. La décision de la Congrégation des Rites, favorable aux droits du diocèse de Limoges, fut sanctionnée, le 18 mai 1854, par le Souverain Pontife.

Les *Documents inédits sur l'apostolat de Saint-Martial et sur l'antiquité des églises de France* parurent en 1860 ; mais communication en avait été donnée, au mois de septembre 1859, au Congrès scientifique tenu à Limoges. La pièce la plus importante, le document capital de cette publication, est la version primitive de la légende de l'apôtre d'Aquitaine, la *Vita brevior* retrouvée par M. Arbellot dans le manuscrit latin 3851 A de la Bibliothèque impériale. On en a signalé depuis d'autres très anciennes copies ; M. l'abbé Georges Ardant en a, pendant son séjour à Rome, collationné une version paraissant remonter au x° siècle, et un manuscrit de la bibliothèque de Carlsruhe, en renferme une écrite de la main d'un moine de Reichenau nommé Regimbert et mort en 846.

Nous ne pouvons ici que citer les autres ouvrages de M. Arbellot sur la vie de saint Martial et l'origine de nos églises ; *Observations critiques à MM. Bourassé et Chevalier, sur la légende de saint Austremoine et les origines chrétiennes de la Gaule* (1870) ; *Etude sur saint Denis de Paris* (1880) ; *Sources de l'Histoire des origines chrétiennes de la Gaule dans Grégoire de Tours* (1890) ; *Etude historique sur l'ancienne vie de Saint-Martial* (1892) ; *Observations critiques à M. l'abbé Duchesne sur les origines chrétiennes de la Gaule et sur l'apostolat de Saint-Martial* (1895).

A ces études se rattache la publication de plusieurs textes intéressants édités par le laborieux ecclésiastique : les fragments du poème de Pierre, scolastique de Saint-Martial, sur le saint patron de son monastère ; divers recueils de miracles : *Miracula sancti Martialis anno 1388 patrata* (1882) ; *Manuscrit inédit des Miracles de saint Martial* (1882) ; *Livre des miracles de Saint-Martial* (1889).

M. Arbellot a étudié d'autres légendes de saints que la vie de l'apôtre d'Aquitaine, et l'histoire de plusieurs des serviteurs de

Dieu dont le culte est resté le plus populaire dans notre contrée, a fait l'objet de ses investigations. Dès 1863, il publiait un livre sur *la Vie, les miracles et le culte de saint Léonard*; en 1897, une *Vie de saint Eloi*; en 1900, une *Vie de saint Yrieix*. De ces trois ouvrages, le premier est incontestablement le meilleur. On peut rapprocher de ces travaux une *Dissertation sur le lieu de naissance de saint Wast*, qui donna lieu à une terrible polémique entre l'auteur et un ecclésiastique du Périgord absolument décidé à adjuger le catéchiste de Clovis au martyrologe de son diocèse.

Pendant les dernières années de sa vie, M. Arbellot s'est surtout proposé de combattre les conclusions des études critiques de M. l'abbé Duchesne, membre de l'Institut, dont la haute science fait autorité et qui compte parmi les plus redoutables adversaires des traditionnalistes.

M. Duchesne a fait justice de bien des détails légendaires, mais peut-être est-il allé un peu loin dans sa guerre aux traditions. Nul ne saurait prétendre et aucun savant sérieux ne prétend qu'on doive accorder aux anciennes Vies de Saints une créance aveugle et complète. M. Arbellot ne l'a jamais soutenu et ne le croyait pas, puisque lui-même mettait en garde ses lecteurs contre les additions et les amplifications de la version prolixe de la *Vie de saint Martial*, celle qui a circulé sous le nom du disciple et du premier successeur de saint Martial : Aurélien, mais qui est incontestablement postérieure à l'autre, à la *Vita brevior*. Cette dernière seule, le savant prêtre la tenait pour l'expression fidèle de la tradition et la critique elle-même ne peut refuser une valeur à la tradition, qui est, après tout, une des principales sources de l'information historique. Même alors qu'elle est suspecte, on peut y retrouver les éléments d'une opinion sur un fait ou un homme, des indices, des fragments de vérité que l'érudit doit soigneusement recueillir. Ce qu'il importait surtout de constater, en présence de la rareté des monuments contemporains — et cela M. Arbellot le comprit très bien, — c'était l'antiquité intrinsèque des textes, et en ce qui concerne l'ancienne vie de saint Martial, il réussit à établir qu'elle remontait à une époque beaucoup plus haute que celle indiquée par ses contradicteurs. C'était beaucoup, et le champion de l'apostolicité put ce jour là marquer un point à son avantage. Ce n'était pas la première fois.

En somme, à l'heure actuelle, si un certain nombre de récits reconnus purement légendaires doivent être abandonnés, plusieurs des plus anciennes *passions* de nos saints, bien que contestées, subsistent encore et paraissent devoir subsister. Quelques uns des arguments produits contre elles, celui par exemple du

petit nombre de noms inscrits sur les anciennes listes épiscopales,
ne sont pas tout à fait concluants; la part de certaines super-
cheries, dont il existe incontestablement des exemples nombreux.
a été peut-être, d'un autre côté, faite trop large par la critique,
qui se montre souvent, il faut bien le dire, moins exigeante pour
ses propres arguments que pour ceux de ses adversaires. Bref un
nombre respectable de savants estiment que la question n'est pas
définitivement tranchée, et peut-être la science finira-t-elle par
admettre comme un point acquis ou au moins de toute probabilité
cette thèse, soutenue avec ardeur par le chanoine Arbellot, et
reprise avec de nouvelles justifications et de nouveaux développe-
pement par Mgr Bellet, — à savoir que Grégoire de Tours, en dépit
du passage si souvent cité de son *Histoire des Francs* fixant au
règne de Dèce, c'est-à-dire au troisième siècle de notre ère seulement, l'envoi par le Pontife romain de missionnaires pour l'évangélisation des diverses régions de la Gaule et l'organisation des
diocèses, — a connu plusieurs de ces très anciennes *passions* de nos
premiers saints français, où il est parlé de la fondation d'églises
dans nos pays dès le premier siècle, et a fait à ces légendes, dont
nous possédons encore les textes, ou à des versions remaniées de
ces légendes, des emprunts très reconnaissables. La tradition de
l'origine apostolique d'un certain nombre d'églises de notre Gaule
aurait donc existé dès la fin du cinquième siècle. Ce fait, acquis
aux débats, serait une victoire d'importance considérable pour les
traditionnalistes. Peut-être devraient-ils, établis fortement dans
cette position, attendre avec patience la découverte possible de
nouveaux témoignages et ne pas demander au-delà, à la critique
scientifique, des concessions qu'ils ne sont pas en mesure, à
l'heure présente, de suffisamment justifier.

On a reproché à M. Arbellot de s'être parfois montré un peu
vif dans sa polémique et de n'avoir pas, dans les dernières années
surtout, renouvelé et complété ses arguments, qu'il reproduisait
sans tenir assez compte que certaines questions étaient considérées
comme entièrement vidées. — La vivacité du chanoine, que nous ne
nions pas, peut s'expliquer souvent par le ton même de ses adversaires. Et puis, il se laissait emporter par l'ardeur de ses convic-
tions et son zèle pour les traditions de l'église de Limoges. La
seconde critique est également fondée dans une certaine mesure.
L'abbé Arbellot ne pouvait, dans les dernières années de sa vie,
se tenir au courant de tout ce qui se publiait sur le sujet principal
de ses études et étudier les documents nouveaux qui étaient produits. Il avait gardé une mémoire extraordinaire; mais l'âge lui
rendait les voyages de plus en plus pénibles; il ne pouvait plus

faire, comme autrefois, de longues stations dans les bibliothèques et se livrer aux minutieuses recherches, aux collations de manuscrits qu'exigent les travaux de ce genre. Ajoutons qu'il se déterminait malaisément à faire assez large à la critique la « part du feu ». Peut-être enfin affaiblissait-il dans certains cas son argumentation en voulant l'étendre au-delà de l'horizon même de la discussion et en tentant de généraliser des conclusions qui auraient peut-être été admises en elles-mêmes.

Mais si les années qui s'accumulaient sur sa tête l'empêchaient de perfectionner et de renouveler ses armes, son ardeur n'avait pas diminué. Ce n'était pas seulement au *Bulletin de la Société archéologique du Limousin* qu'il confiait ses protestations et ses ripostes : il envoyait aussi des articles à la *Semaine religieuse* du diocèse, à *l'Univers*, à la *Vérité*, à d'autres revues ou journaux. Il était pénétré des devoirs que lui imposait ce titre d'historiographe de l'église de Limoges que lui avait conféré un de nos évêques, et il se considérait comme le champion de l'honneur du diocèse et le tenant de saint Martial. La Grande Confrérie érigée en l'honneur du saint Apôtre et dont l'origine se perd dans la nuit du Moyen âge, a eu (elle en est fière et ne l'oubliera pas) un des derniers gages de ce zèle admirable. M. Arbellot voulut bien, au cours de l'année dernière, résumer pour elle ses travaux de quarante-cinq années dans une notice sur l'apôtre d'Aquitaine, destinée à être insérée au livret des confrères. La pieuse association en témoigna sa reconnaissance au digne chanoine en lui conférant le titre de membre d'honneur de la confrérie, qui avait été porté avant lui par un savant, l'abbé Texier, et par un saint, l'abbé de Bogenêt.

M. Arbellot, qui comptait parmi les doyens de la Société Française d'archéologie, dont il était inspecteur divisionnaire honoraire, appartenait à quantité de sociétés savantes de la France et de l'étranger. Nous le trouvons déjà, en 1851, correspondant de l'académie d'archéologie de Belgique. Nous ne saurions donner la liste des autres associations dont il faisait partie. Rappelons seulement qu'il était membre honoraire de la Société des Lettres, Sciences et Arts de Tulle, de la Société scientifique et historique de Brive, de celle des Sciences naturelles de la Creuse, de la Société archéologique du Périgord, de la Société Gay-Lussac. Correspondant du Ministère de l'Instruction publique depuis près d'un demi-siècle, il avait, nous l'avons dit plus haut, adressé au Comité des travaux historiques un certain nombre de communications intéressantes, et était demeuré fidèle au rendez-vous annuel du Congrès des sociétés savantes. Il y assistait régulièrement, préparait avec soin les questions sur lesquelles il croyait pouvoir apporter quelques lumières, prenait part aux débats et rapportait à la Société un compte rendu fidèle des lectures et discussions pouvant de près ou de loin intéresser notre province. Le savant et bienveillant administrateur de la Bibliothèque nationale, M. Léopold Delisle, qui tenait M. Arbellot en singulière estime, nous rappelait ces jours derniers cette assiduité exemplaire, en nous adressant le témoignage de sa haute sympathie pour le deuil de la Société archéologique du Limousin.

Décoré lors du jubilé de Sa Sainteté Léon XIII de la croix pontificale *pro Ecclesia et Pontifice*, M. Arbellot, officier d'Académie depuis fort longtemps, avait reçu en 1891 les palmes d'officier de l'Instruction publique.

Certes, par ses ouvrages, le savant honorait notre société ; mais c'est surtout le confrère obligeant, le conseiller sûr, le président dévoué que nous regrettons en lui. Nous avions eu cette rare fortune de rencontrer parmi les fondateurs de l'œuvre, parmi ceux qui lui étaient le plus sincèrement, le plus fermement attachés, un homme dont le caractère élevé, la vie digne et irréprochable, les travaux sérieux et substantiels, le zèle désintéressé pour la science, inspiraient à tous la confiance la plus entière avec la plus haute estime. Tout le monde était disposé à déférer aux désirs et aux avis de M. Arbellot, dont l'autorité était tempérée par la bienveillance la plus égale et la plus scrupuleuse courtoisie, et il semblait naturel qu'on se groupât autour de lui, comme autour d'un guide tout désigné, d'un tuteur, d'un aîné. Ainsi s'étaient perpétués parmi nous l'union et la discipline indispensables à toute œuvre collective de quelque durée. Il faut le proclamer hautement : le lien qui tenait ainsi notre faisceau inséparable était surtout formé de notre affection respectueuse, unanime, pour notre Président. Cette union intime a été un de nos meilleurs éléments de prospérité et de succès. Notre parfaite entente, sous une autorité acceptée et aimée de tous, donnait à nos séances une physionomie spéciale en même temps qu'un attrait particulier. C'étaient de véritables réunions de famille.

Il en a été ainsi pendant un quart de siècle. Durant un quart de siècle, M. Arbellot a été le plus zélé, le plus conciliant, le plus exact, le meilleur des Présidents. Durant un quart de siècle l'excellent ecclésiastique n'a pas manqué une séance. Une fois néanmoins, une seule, il y a cinq ou six ans, il n'arriva pas le premier, comme c'était son habitude, dans la salle de l'ancien Palais-de-Justice, où pendant cinquante-quatre ans (décembre 1845 à octobre 1899) s'est réunie la Société. L'heure sonna, Il n'était pas là : il fallut commencer. Un des vice-présidents dut entamer le dépouillement de la correspondance, tout étonné d'avoir à remplir effectivement des fonctions qui, avec M. Arbellot pour président, n'étaient qu'une honorable sinécure : *otium cum dignitate...* Mais bientôt on vit paraître le chanoine tout essoufflé, s'excusant d'être en retard ; il avait oublié que c'était jour de réunion ; puis la mémoire lui était revenue tout à coup, et il accourait... Le 30 octobre dernier, la maladie l'empêcha de se rendre à la séance ; malgré son état de faiblesse, hélas ! trop apparent, il voulait s'y faire transporter et nous eûmes un peu de peine à l'en dissuader. Depuis l'excursion de la Société à Saint-Léonard et à L'Artige, à laquelle il avait pris part peu de semaines auparavant et où il avait montré encore un certain entrain, sa famille et ses amis constataient chez le vénérable ecclésiastique un grand affaissement. Dans les premiers jours de novembre, son état empira. Mgr l'Évêque de Limoges se rendit auprès de lui et lui administra les derniers sacrements. C'en était fait : le mal avait vaincu le courageux vieillard, dont les forces trahissaient maintenant la vaillance et l'énergique volonté. Il dut se retirer à Saint-Léonard où le réclamait l'affectueuse sollicitude de sa sœur et des siens, et où les soins les plus tendres lui furent prodigués. Nous allâmes le voir le 25 novembre et prendre ses instructions pour la réunion du mardi suivant. Notre visite parut lui faire plaisir. Nous lui parlâmes de l'attachement de tous pour lui et des vœux formés pour son rétablissement. « Je suis bien touché, nous dit-il, de l'affection de ces Messieurs. Jusqu'à la mort j'aimerai la Société et lui resterai dévoué ». Il souffrait beaucoup, mais acceptait ces souffrances avec la résignation la plus chrétienne et les supportait avec la patience la plus édifiante. C'est dans ces dispositions et après avoir donné les témoignages de la plus vive piété, que le digne ecclésiastique s'est éteint dans la matinée du 6 décembre.

Il ne m'appartient pas de faire ici l'éloge du prêtre et de soulever le voile qui doit recouvrir tout un côté de la vie exemplaire de M. Arbellot. Ses confrères du Chapitre, les paroissiens de Saint-Junien, de la Cathédrale et de Rochechouart ; nos sœurs de Saint-Alexis de Limoges, les religieuses du Verbe Incarné de Saint-Yrieix et de Saint-Junien pourraient seuls témoigner comme il convient des mérites sacerdotaux de celui que nous pleurons, de la prudence de ses conseils, de la sagesse de ses directions, de son zèle pour les âmes et du bien qu'il a fait. Il nous est seulement permis de rendre hommage aux vertus pour ainsi dire extérieures du vénérable ecclésiastique, à sa modestie, à sa tolérance éclairée, à sa charité, à la réserve de son langage, à sa régularité scrupuleuse, à l'austérité de ses mœurs.

Beaucoup d'ecclésiastiques ont consacré, à l'étude du passé de notre province, leur zèle, leurs labeurs et leurs talents. Sans remonter au moyen âge, ni même à ce dix-septième siècle qui a vu l'érudition prendre sa place définitive dans la science, le Limousin fournit plus d'un nom à retenir : ceux de l'abbé Nadaud et de l'abbé Legros, de l'abbé Texier et l'abbé Roy de Pierrefitte, sont désormais inséparables du souvenir des évènements sur lesquels ils nous ont conservé tant de précieux témoignages. A ces noms honorés notre pays associera celui de M. Arbellot. Cette province n'a pas eu de fils plus dévoué à son service, plus pénétré de tous ses intérêts d'ordre élevé, plus zélé pour son bien et sa gloire. Les membres de toutes les sociétés savantes de la région saluaient en notre président le type accompli de l'érudit consciencieux, et l'estime où il était tenu rejaillissait sur notre compagnie. Conservons, Messieurs, la mémoire de ce vaillant et de ce laborieux qui a si longtemps, d'une main si douce et si ferme à la fois, dirigé notre Société dans sa marche. Ayons toujours sous les yeux cette carrière si admirable dans sa modestie, son indépendance, sa dignité et son unité, cette vieillesse si calme et si sereine, qui était vraiment « la fin d'un beau jour », selon le mot du poète. Gardons avec une affection pieuse le souvenir du chanoine Arbellot, et maintenons parmi nous, pour faire mieux vivre ce souvenir, les traditions qui, sous les auspices et l'influence du regretté président, se sont établies dans notre association. Efforçons-nous d'imiter le guide et l'ami que nous regrettons : nous ne saurions nous proposer d'exemple meilleur et nous chercherions en vain un plus parfait modèle.

BIBLIOGRAPHIE

Nous donnons ci-après une liste aussi complète que possible des ouvrages de M. Arbellot. Outre les volumes et tirages à part, nous avons fait figurer dans cette bibliographie les travaux. articles et communications de l'érudit chanoine publiés dans les Bulletins et Mémoires des diverses sociétés savantes de la province, dans la *Semaine religieuse* du diocèse, dans le *Bulletin monumental* édité par la Société française d'archéologie et dans plusieurs ouvrages collectifs. Nous ne saurions énumérer ici les titres des articles envoyés par lui à l'*Univers*, à la *Vérité* et à nombre d'autres journaux et revues.

I. — *Volumes, brochures et tirages à part.*

Notice sur le tombeau de saint Junien, avec trois planches. — Limoges, Chapoulaud frères, 1847. *Epuisé.*

Chronicon Commodoliacense, Chronique de Maleu, chanoine de St-Junien, mort en 1322, suivie de Documents historiques sur la ville de Saint-Junien. — Saint-Junien, imp. Barret. Limoges, libr. Ducourtieux, 1848, in-8° de 264 pages.

Chateau de Chalusset: description et documents historiques, suivis de quelques Notes sur l'abbaye de Solignac. — Limoges, imp. Ardillier fils, 1851. *Epuisé.*

Histoire de la Cathédrale de Limoges, 1re partie. (*Mention Honorable de l'Institut*). — Limoges, imp. Chapoulaud frères, 1852. In-8° de 80 p. *Epuisé.*

Biographie des Hommes illustres du Limousin, par Auguste Du Boys et l'abbé Arbellot, t. I (seul paru). — Limoges, imp. Ardillier fils, 1854, in-8° de 279 pages. *Epuisé.*

Revue archéologique de la Haute-Vienne. Guide du voyageur en Limousin. — Limoges, imp. Ducourtieux, 1854, in-12 de 283 pages. *Epuisé.*

Dissertation sur l'apostolat de saint Martial et sur l'antiquité des églises de France. — Limoges, imp. Chapoulaud frères, 1855, grand in-8° de 283 pages. *Epuisé.*

Pierre le Scolastique, ou Fragments d'un Poème sur saint Martial (xe siècle), recueillis et publiés pour la première fois. — Paris, lib. Haton, 1857.

Les trois Chevaliers défenseurs de la Cité de Limoges en 1370. — Limoges, imp. Chapoulaud, 1858. *Epuisé.*

Biographie de François de Rousiers, gentilhomme limousin du xvie siècle. — Paris, lib. Haton; Limoges, lib. Ducourtieux, 1859, gr. in-8° de 100 p.

Documents inédits sur l'apostolat de saint Martial et sur l'antiquité

DES ÉGLISES DE FRANCE, avec trois planches lithographiées. — Paris, 1860, lib. Lecoffre, in-8° de 96 pages. *Epuisé.*

TABLEAU DES EVÊQUES DE LIMOGES, par l'abbé Nadaud, continué jusqu'à nos jours. — Limoges, lib. Leblanc et Ducourtieux, 1860, in-plano.

VIE DE SAINT LÉONARD, solitaire en Limousin, ses miracles et son culte. — Paris, lib. Haton. — Limoges, lib. Leblanc et Ducourtieux, 1863, in-8° de 320 pages.

FÉLIX DE VERNEILH. Notice biographique. — Limoges, lib. Ducourtieux, 1865.

NOTICE HISTORIQUE SUR L'ABBÉ DU MABARET. — *Ibid.*, 1867.

NOTICE SUR LE TOMBEAU DE JEAN DE LANGEAC, avec gravure. — *Ibid.*, 1869.

NOTICE SUR LE P. HONORÉ DE SAINTE-MARIE. — *Ibid.*, 1869.

OBSERVATIONS CRITIQUES À MM. BOURASSÉ ET CHEVALIER SUR LA LÉGENDE DE SAINT AUSTREMOINE ET LES ORIGINES CHRÉTIENNES DE LA GAULE. — Paris, lib. Haton; Limoges, lib. Ducourtieux et Leblanc, 1870.

ADÉMAR DE CHABANNES. Etude historique. — *Ibid.*, 1873.

LE P. BONAVENTURE, PIERRE DE LIMOGES, JEAN DE LIMOGES. — *Ibid.*, 1877.

NOTICE SUR LE JUBÉ DE LA CATHÉDRALE DE LIMOGES. — *Ibid.*, 1878.

NOTRE-DAME-DU-PONT à Saint-Junien. — *Ibid.*, 1878.

LA VÉRITÉ SUR LA MORT DE RICHARD CŒUR-DE-LION. (*Mention honorable de l'Institut*). — *Ibid.*, 1878.

BIOGRAPHIE DU P. ROUARD DE CARD. — Limoges, Vᵉ Ducourtieux, 1879, in-8.

ÉTUDE SUR LES ORIGINES CHRÉTIENNES DE LA GAULE, 1ʳᵉ partie : SAINT-DENIS DE PARIS. — *Ibid.*, 1880.

LES CHEVALIERS LIMOUSINS A LA PREMIÈRE CROISADE. — *Ibid.*, 1881.

NOTICE SUR GABRIEL RUBEN, prêtre de l'Oratoire. — *Ibid.*, 1881.

MANUSCRIT INÉDIT DES MIRACLES DE SAINT MARTIAL. — *Ibid.*, 1882.

MIRACULA SANCTI MARTIALIS, anno 1388 patrata, ab auctore coævo conscripta. *Bruxellis.* — *Ibid.*, 1882.

CATHÉDRALE DE LIMOGES. Histoire et description, in-8° de 288 pages. — *Ibid.*, 1883.

UNE ENFANT DE MARIE. Vie de Blanche Baillot. — Limoges, Vᵉ Ducourtieux, 1884, in-8.

MÉMOIRES SUR LES STATUES ÉQUESTRES DE CONSTANTIN, avec gravures. — *Ibid.*, 1885.

LES ERMITES DU LIMOUSIN. — *Ibid.*, 1885.

DISSERTATION SUR LE LIEU DE NAISSANCE DE SAINT VAAST, suivie de l'ancienne vie du saint. — *Ibid.*, 1886.

LE P. SOLIER DE BRIVE. — *Ibid.*, 1887.

ORIGINE DES NOMS DE LIEU. — *Ibid.*, 1887.

L'ABBÉ VITRAC. Notice biographique et bibliographique. — *Ibid.*, 1888.

ÉTUDE HISTORIQUE ET BIBLIOGRAPHIQUE SUR GEOFFROY DE VIGEOIS. — *Ibid.*, 1888.

L'ŒUVRE DE LIMOGES. — LA CROIX DES CARS. — *Ibid.*, 1888.

LIVRE DES MIRACLES DE SAINT-MARTIAL, texte latin inédit du ixᵉ siècle. — *Ibid.*, 1889.

DOM PRADILHON. — L'abbé Oroux. Notices biographiques et bibliographiques. — *Ibid.*, 1890.

NOTICE BIOGRAPHIQUE SUR LE GÉNÉRAL ARBELLOT. — *Ibid.*, 1890.

Roland ou sculpture de Notre-Dame de la Règle. — *Ibid.*, 1890.

Sources de l'histoire des origines chrétiennes de la Gaule dans Grégoire de Tours. — *Ibid.*, 1890.

Aimeric Guerrut, archevêque de Lyon. — *Ibid.*, 1891.

L'autel de Saint-Martial dans Saint-Pierre de Rome. — *Ibid.*, 1891.

Saint Bernard. — *Ibid.*, 1891.

Zizim a Bourganeuf et a Rome. — *Ibid.*, 1891.

Etude historique sur l'ancienne vie de saint Martial. — *Ibid.*, 1892.

Etude biographique sur Guillaume Lamy, patriarche de Jérusalem. — *Ibid.*, 1892.

Les Bénédictins de Saint-Maur originaires du limousin. — *Ibid.*, 1892.

Saint Martial a Auziac. — Limoges, M. Barbou, 1892, in-8.

Du Théatre en Limousin au XVIᵉ siècle. — Paris, E. Leroux, 1893, in-8.

Martial de Brive, Notice biographique et bibliographique. — Tulle, Crauffon, in-8, 1893.

Frère Seguin et Jeanne d'Arc. — Limoges, M. Barbou, 1893, in-8.

Biographies limousines. — Limoges, Vᵉ Ducourtieux, 1893, in-8.

Nouveau recueil de biographies limousines. — Limoges Vᵉ Ducourtieux, 1894, in-8.

Saint Antoine de Padoue en Limousin, 2ᵉ édition. — *Ibid.*, 1895.

Observations critiques a M. l'abbé Duchesne sur les origines chrétiennes de la Gaule et sur l'apostolat de saint Martial. — *Ibid.*, 1895.

Quatrième recueil de Biographies limousines. — *Ibid.*, 1896.

Etude biographique et bibliographique sur Bernard Guidonis, évêque de Lodève. — *Ibid.*, 1896.

Temple de Jupiter a Ausiac, suivi d'une observation sur la légende de de saint Martial. — *Ibid.*, 1897.

Du titre de Bourgeois et du titre de Sieur suivi d'un nom de fief ou de domaine. — *Ibid.*, 1897, in-8.

Notice historique et archéologique sur l'église de Saint-Léonard de Noblat. — Limoges, Marc Barbou, 1897, in-8.

Panégyrique de Saint-Léonard. — *Ibid.*, 1897, in-8.

Les anciennes poires de Limoges — Paris, Haton, 1897, in-8.

Vie de saint Éloi. — Limoges, Vᵉ Ducourtieux, 1897, in-8.

Du Guesclin en Limousin, — *Ibid.*, 1898. in-8.

Les chevaliers de saint Martial. — Limoges, Dumont, 1898, in-8.

Vie de saint Martial, apôtre de l'Aquitaine. — Limoges, Vᵉ Ducourtieux, 1899, in-18.

Dom Jean Birel, général des Chartreux. — Tulle, Crauffon, 1900, in-8.

Vie de saint Yrieix, ses miracles et son culte. — Limoges, Vᵉ Ducourtieux, 1900, in-8.

II. — *Mémoires, articles, communications publiés dans divers recueils périodiques*

Bulletin de la société archéologique et historique du limousin. — Champ-Cé et Saint-Georges-Nigremont, I, 102. — Notice sur le tombeau

de Saint Junien, II, 30. — Chronique : Travaux de la Cathédrale, III, 163.
Cathédrale de Limoges : Histoire et description, III, 169. — Lettres inédi-
tes d'Innocent III, IV, 140. — Extraits d'un spicilège limousin, IV, 207. —
Dissertation sur l'apostolat de Saint Martial, IV, 209 ; V, 5, 73, 137, 222.
— Pierre le Scolastique, VI, 95, 145. — Les trois chevaliers défenseurs de
la Cité de Limoges, VIII, 72. — François de Rousiers, IX, 11, 58. — Pri-
vilèges de la ville de Saint-Léonard, XIV, 108. — Felix de Verneilh, no-
tice biographique, XV, 5. — L'abbé du Mabaret, XVI, 5. — Le P. Victorin
Pouliot, XVII, 5. — Eglise de Saint-Junien, XVII, 9. — Rochechouart :
Eglise paroissiale, XVII, 16. — Tombeau de Jean de Langeac, XVIII, 32. —
Le P. Honoré de Sainte Marie, XVIII, 65. — Le P. Etienne de Petiot, XIX,
31. — Etude historique et littéraire sur Adémar de Chabannes, XXII, 104.
— Chronique, XXII, 161. — Diptyque de Flavius Félix, XXII, 200. — Palais
de Jocondiac, XXIII, 161. — Testament de Saint Yrieix, XXIII, 174. —
Biographies limousines : Jean d'Alesme, Léonard d'Alesme, XXIII, 305. —
Le P. Bonaventure de Saint-Amable, XXV, 1. — Pierre de Limoges, XXV,
12. — Jean de Limoges, XXV, 21. — Bulle du pape Marin, en faveur
de l'abbaye de Solignac, XXV, 27. — Cathédrale de Limoges, le Jubé,
XXVI, 13. — Cathédrale de Limoges : canons d'autel en émail,
XXVI, 151. — La vérité sur la mort de Richard Cœur-de-Lion, XXVI,
161. — Supplément au mémoire qui a pour titre : La vérité sur la
mort de Richard Cœur-de-Lion, XXVI. 372. — Nécrologie : Mgr Berteaud,
évêque de Tulle, XXVII, 194. — Origines chrétiennes de la Gaule, XXVII,
197. — Les Chevaliers Limousins à la première Croisade (1096-1102), XXIX,
5. — Manuscrit inédit des miracles de Saint Martial (xive siècle), XXX, 84.
— Tumulus et polissoir de Pressignac (Charente), XXX, 99. — Mémoires
sur les statues équestres de Constantin placées dans les églises de l'Ouest
de la France, XXXII, 1. — Les ermites du Limousin. XXXIII, 21. — Châsse
émaillée de l'église de Bellac, XXXIV, 21. — Origines des noms de lieux
en Limousin et provinces limitrophes, XXXIV, 161. — Exposition de Limoges (10 mai-22 août 1886) : L'œuvre de Limoges, XXXV, 237. — La croix
de l'église des Cars, XXXV, 279. — L'abbé Vitrac, notice biographique et
bibliographique, XXXVI, 1. — Etude historique et bibliographique sur
Geoffroy de Vigeois, XXXVI, 135. — Livre des miracles de Saint Martial,
texte latin inédit du ixe siècle, XXXVI, 339. — Roland, sculpture de Notre-
Dame de la Règle, XXXVII, 137. — Dom Pradilhon, XXXVII, 287. —
L'abbé Oroux, XXXVII, 294. — Les sources de l'histoire des Origines chrétiennes de la Gaule dans Grégoire de Tours, XXXVIII, 10. — Zizim à Bourganeuf et à Rome, XL, 11. — Aimeric Guerrut, archevêque de Lyon, XL.
59. — Etude historique sur l'ancienne vie de Saint Martial, XL, 213. —
Etude biographique sur Guillaume Lamy, patriarche de Jérusalem, XL, 515.
Les bénédictins de Saint-Maur originaires du Limousin, XL, 644. — Saint
Pierre Damien à Limoges, XL, 799. — Biographies limousines : le P. Goudin, l'abbé Goumot, Mathieu Goyran, Salomon Goyran, Elie Jacquet, l'abbé
Laire, Fulgence Lamothe, Jacques Merlin, l'abbé Mitraud, François Nico-
las de Traslage, Henri de Périère, Jean de Périère, le P. de Périère, Siméon
Poillevé, François Roby, Jean Rougerie, l'abbé Tandeau, Antoine Valet,

XLI, 81. — Nouveau recueil de biographies limousines : Etienne Audebert, Pierre Audebert, le cardinal Pierre de Bagnac; l'archidiacre Bantardus, le P. Bruno Chassaing, Chouly de Permangle, Jean Choupineau,
Claude Durand, Pierre Fouscheri, Pascal Hugonot, François Irat, Léonard
L'Hardy, Léonard du Léris, Mallebay de la Motte, Jean Mautas, Michel Mercier, Jérôme Mercier, Hilaire Monlouis, Joseph du Monteil, Léonard Nauche, Jean Pinchaud, le P. Timothée Pouyade, Léonard Puybéby, Jean-
Baptiste Roby, le P. Sénemaud, Pierre Valade, XLII, 138. — Observations
critiques à M. l'abbé Duchesne sur les origines chrétiennes de la Gaule et
sur l'apostolat de saint Martial, XLIII, 125. — Biographies limousines :
Labiche de Reignefort, Joseph Chalard, Pierre Talois, Martial Gallicher,
Jean de Mallevaux, évêque d'Aulone, XLIII, 331. — Cinquantenaire de la
Société archéologique et historique du Limousin : Discours de la séance
d'ouverture (15 juin 1895), XLIV, xxxii : Toast au banquet du 17 juin,
XLIV, lxx. — Etude biographique et bibliographique sur Bernard Guidonis, évêque de Lodève, XLV, 5. — Temple de Jupiter à Ausiac, suivi
d'une observation sur la légende de Saint Martial, XLV, 309. — Du titre de
bourgeois et du titre de sieur, suivi d'un nom de fief ou de domaine, XLV,
367. — Visite à Sazeirac, XLV, 385. — Vie de Saint Eloi, XLVI, 7. — Du
Guesclin en Limousin, XLVII, 16. — Vie de Saint Yrieix, XLIX, 88.

Bulletin de la société des lettres, sciences et arts de tulle (1). —
Pierre de Limoges, année 1880, 2e livr., p. 149. — Le P. Solier, de Brive,
1887, 3e livr., p. 373. — Martial de Brive, 1889, 1re livr., p. 5; 3e livr.,
p. 370: 4e livr., p. 520; 1890, 4e livr., p. 415; 1893, 1re livr., p. 27. —
Epitaphes de Boson et de Gaubert, dans l'église d'Uzerche, 1894, 3e livr.,
p. 291. — Le siège d'Ussel (1371), 1898, 2e livr., p. 191. — Jean Birel,
1899, 4e livr., p. 447.

Annales de la société d'agriculture, sciences et arts de la dor-
dogne, à Périgueux. — M. Félix de Verneilh, 1864, t. XXV, p. 719.

Bulletin de la société historique et archéologique du perigord. —
Sur la sépulture du Cardinal de Talleyrand, 1875, t. II, p. 121. — Epitaphe
d'un cardinal français à Rome, 1876, t. III, p. 35.

La semaine religieuse de limoges (2). — *Tome II.* — P. 134, Dom Léonard
de Massiot. — 161, Eglise de Saint-Martial à Venise. — 213, Abbaye de
Boubon. — 260, Les évêques de Limoges, Tulle, Angoulême, à Saint-
Léonard. — 306, Saint Victurnien, confesseur. — 314, Saint-Martin de
Corbie. — 322, Champagnac. — 330, Saint Théobald, confesseur. — 332,
Félix de Verneilh (nécrologie). — 353, Saint Gaucher d'Aureil, confesseur.

(1) M. Arbellot n'a donné aucun article au *Bulletin de la Société scientifique et historique de Brive*, non plus qu'à celui de la Société des sciences
naturelles de la Creuse.

(2) Nous devons ce relevé a l'obligeance de notre excellent confrère,
M. le chanoine André Lecler.

— 381, Présentation de la Sainte Vierge. — 406, Saint Eloi, confesseur-pontife (suit au tome IV, p. 309).

Tome III. — P. 18, Gorre. — 31, Milhaguet. — 243, L'Angelus. — 247, Mission et jubilé, à Rochechouart. — 267, Consécration du samedi à la Sainte Vierge. — 371, Relique de la vraie croix de la Cathédrale de Limoges. — 433, Hymnes à saint Martial. — 475, Le Rosaire. — 518, Inscription de la boule du clocher de Saint-Pierre. — 543, Abbaye de Beuil. — 569, Le P. Antoine Goudin. — 603, Saint Marien, ermite.

Tome IV. — P. 16, L'abbé Oroux. — 43, La fuite en Egypte. — 73, La chapelle de Sainte-Valérie, à la cathédrale. — 100, Ambazac. — 146, Eglise du Chalard. — 170, Eglise de Saint-Martial, en Palestine. — 204, Dom Jean Colomb. — 219, Saint Martial à Rome. — 251, *Ave, maris stella.* — 263, Le cardinal Pierre de La Chapelle-Taillefer. — 290, Epitaphe du cardinal Pierre de La Chapelle-Taillefer. — 357, Le *Salve Regina.* — 370, Tropes sur Saint Martial. — 438, Dom Maurice Poncet. — 467, Pierre de Saint-Martial. — 475, Jean Rougerie.

Tome V. — P. 88, L'abbé Tandeau de Marsac. — 107, L'abbé Gabriel Tandeau de Marsac. — 147, Rochechouart. Eglise paroissiale. — 191, Maisonnais. — 285, Eglise de Saint-Junien. — 599, Chéronnac.

Tome VI. — P. 9, Joseph du Monteil. — 38, Monastère de l'Artige. — 70, Saint-Hilaire-Bonneval. — 83, Saint-Bonnet-la-Rivière. — 117, Videix. — 130, Epitaphe de Pierre Audebert. — 179, Autel de Saint Martial, à Saint-Pierre de Rome. — 190, Abbaye de Saint-Augustin, à Limoges. — 214, Le cardinal Pierre de Bagnac. — 249, Couvent des Allois, à Limoges. — 249, Le P. Senemaud. — 256, Prose de la Pentecôte : *Veni, Sancte Spiritus.* — 548, Jean de Langeac.

Tome VII. — P. 80, Cathédrale de Limoges. 3e chapelle. — 105, Pierre Fouscheri. — 237, Une ancienne prose de Saint Martial. — 327, Jean Adam. — 336, Bruno Chassaing. — 371, L'épouse de Pilate. — 407, Jacques Merlin. — 434, Abbaye de Saint-Augustin de Limoges. — 454, Claude Durand. — 472, Jean Mautas. — 475. Saint Ferréol, évêque de Limoges. — 494, Vayres. — 520, Léonard Nauche. — 517, Oradour-sur-Vayres. — 531, Le P. Hilaire Monlouis. — 556, Le tombeau de Rhotilde. — 581, Reliques de Saint Alpinien.

Tome VIII. — P. 10, Vie de Saint Yrieix, abbé d'Attanum, en Limousin.

Tome IX. — P. 251, Aggéric, évêque de Limoges.

Tome XI. — P. 97, Saint Martial à Rome. — 324, Grand-Séminaire, Abbaye de La Règle. — 378, Rempnat. — 378, Chéronnac. — 444, Couvent de la Visitation. Saint-André. Petits-Carmes. — 601, Eglise des Salles-Lavauguyon. — 729, L'abbé Goumot.

Tome XII. — P. 174, Pierre de Limoges. — 190, Le P. Timothée Pouyade. — 222, Pierre Valade. — 305, Jean de Limoges. — 334, Tombeau de Bernard Brun. — 400, Raynaud de La Porte, évêque de Limoges. — 419, Epitaphe du chanoine Lajasse. — 428, Guérison extraordinaire de M**lle** Dureyceix. — 456, Pèlerinage du diocèse à N, D. de Lourdes. — 579,

Epitaphe de Pierre de Soubrebost. — 593, Testament de Saint Yrieix (suite de la Vie du saint).

Tome XIII. — P. 384, Pèlerinage de Paray-le-Monial.

Tome XIV. — P. 397. Ostensions de Saint-Junien.

Tome XV. — P. 359, Chapelle de l'Ange-gardien, Cathédrale de Limoges. — 378. Chapelle du Naveix. — 386, Anagramme à Pie IX. — 390, Chapelle de Sainte-Germaine, Cathédrale de Limoges. — 410, Troisième chapelle de l'abside. — 423, Vie du bienheureux Geoffroy, par M. Tenant de la Tour. — 436, Prose en l'honneur de Saint Martial. — 472, Consécration de l'église de Saint-Martial de Noblac. — 507, Jean Rigaud. — 609, Vie de Saint Gaultier, abbé de Lesterps, par M. l'abbé Rougerie. — 643, Bénédiction de la chapelle du château de Brignac. — 659, Le Jubé de la Cathédrale. — 766, Prose de Saint Martial. — 773, Saint Gaucher d'Aureil. — 791, Canons d'autel en émail, Cathédrale de Limoges. — 805, Prose en l'honneur de Saint Martial. — 821, Le pape Urbain II à Limoges. — 844, Livre des miracles de Saint Martial. — 856, Chapelle de l'archiconfrérie, Cathédrale de Limoges.

Tome XVI. — P. 53, Prose en l'honneur de Saint Yrieix. — 73, Le roi Eudes à Limoges. — 89, Le meurtrier de Richard Cœur-de-Lion. — 194, Saint Yrieix : miracles opérés après sa mort. — 238, Mort de Richard Cœur-de-Lion. — 285, Mort de Saint Étienne de Muret. — 358, Notre Dame du Pont, à Saint-Junien. — 422, Pèlerinage à Notre Dame du Pont. — 694, Claude Durand. — 716, L'archidiacre Bantardus. — 776, *Veni Creator Spiritus.* — 827, L'abbé Laire. — 847, Dom François Deschamps. — 882, Jean Choupineau.

Tome XVII. — P. 22, Biographie du P. Rouard de Card. — 581, Saint Antoine de Padoue en Limousin. — 784, Mallebay de la Mothe. — 513, (Bull. de l'œuvre de la Cathédrale), Clocher de la Cathédrale.

Tome XVIII. — P. 290, Consécration de l'église de Saint-Yrieix. — 786, Jérome Mercier. — 810, Pascal Hugonot. — 829, Bréviaire limousin imprimé en 1495. — 849, Léonard Puybéby. — 849, Léonard L'Hardy. — 873, Jean-Baptiste Roby. — 902, François Roby. — 949, Jean de Périère. — 968, Henri de Périère. — 969, Jean de Périère. — 996, Fulgence Lamothe. — 1018, Michel Mercier. — 1019, Hilaire Monlouis. — 1042, L'abbé Tandeau.

Tome XIX. — P. 18, Elie Jacquet. — 104, François Nicolas de Traslage. — 35, Clocher de Saint-Léonard. — 322, Gabriel Ruben. — 580, Pèlerinage de Châteauponsac. — 656, Etienne Audebert. — 1168, Antoine Valet.

Tome XX. — 86, Chapelle de N.-D. des Malades, Cathédrale. — 155, Le petit enfant d'Ambazac. — 286, Chapelle du Sacré-Cœur, Cathédrale. — 455, Chapelle de Sainte-Valérie. — 526, Cathédrale de Limoges. Description. — 648, Le monument, Cathédrale. — 672, Chapelle des Fonts-baptismaux. — 890, Pèlerinage de N.-D. de Lourdes.

Tome XXI. — P. 499, Les Saints du diocèse de Limoges. — 1066, Noces d'or de M. le curé de Saint-Pierre.

Tome XXII. — P. 16, Une enfant de Marie : Marie-Blanche Baillot. — 165, Jacques Pinchaud. — 288, François Irat. — 994, Châsse émaillée de Bellac. — 1049, Le lieu de naissance de saint Wast.

Tome XXIII. — P. 15, La fête des Rois à la cathédrale de Limoges. — 360, Visite aux lieux saints, par l'abbé Amodru. — 452, Les pèlerins Hollandais à Limoges. — 1087, L'abbé Vitrac.

Tome XXIV. — P. 395, Pierre André. — 526, Le lieu de naissance de saint Wast. — 879, Missel ou Bénédictionnaire manuscrit du séminaire de Limoges.

Tome XXVI. — P. 53, L'Enfant-Jésus au milieu des docteurs. — 101, Croix-reliquaire de l'église des Cars. — 481, Siméon Poillevé. — 1017, Joseph Chalard.

Tome XXVII. — P. 325, Saint Baussange. — 1011, Saint Rorice l'ancien, évêque de Limoges.

Tome XXVIII. — P. 336, Les disciples d'Emmaüs. — 1070, Autel de Saint-Martial à Saint-Pierre-de-Rome.

Tome XXIX. — P. 123, Un mensonge historique. — 512, L'ancienne vie de saint Martial. — 723, Saint Bernard. — 1114, Trois hymnes en l'honneur de saint Basle. — 1189, Exotius, évêque de Limoges. — 1224, Peyrilhac : Bardon de Brun.

Tome XXX. — P. 235, Valeur historique ou traditionnelles des légendes des premiers évêques. — 335, Martyrs et confesseurs de la foi (article bibliographique). — 390, *Regina cœli.* — 490, Les Vierges prophétesses. — 728, Origines chrétiennes de la Gaule : Saint Eutrope. Sainte Trophime. — 912, Dom Joseph Duclou. — 915, Dom Léonard Duclou. — 1018, Saint Martial à Ausiac. — 1154, Dom Léonard de Massiot.

Tome XXXI. — P. 201, Jeanne d'Arc et frère Seguin. — 578, Illustres plagiaires. — 602, Saint Martial à Rome. — 707. Origines chrétiennes de la Gaule (1er article). — 913, Concile de Beauvais. — 1092. Théâtre chrétien en Limousin au XVIe siècle.

Tome XXXII. — P. 52, Chouly de Permangle. — 152, Le présent le plus agréable à Dieu, parabole. — 177, Bardon de Brun. Ses ouvrages. — 316, Léonard du Léris. — 356, La plus ancienne vie de saint Martial. — 381, Réponse de M. Arbellot à M. l'abbé Duchesne. — 396, Réponse à M. l'abbé Duchesne. — 412, La Fête-Dieu. — 519, L'apôtre saint-Martial. — 559, Origines chrétiennes de la Gaule : Saint Martial (1er article). — 600, Saint-Ignace de Loyola. — 635, Origines chrétiennes de la Gaule. Saint Martial (2e article). — 676, Origines chrétiennes de la Gaule. Saint Martial (3e article). — 684, Décollation de saint Jean-Baptiste. -- 909, Pensée des Morts. — 1074, Vie de saint Martial par Aurélien.

Tome XXXIII. — P. 29, Fuite en Egypte. — 243, Labiche de Reignefort. — 303, Le chanoine Tandeau de Marsac. — 328, Un manuscrit d'Adémar. — 455, Apostolat de Saint-Martial. Vie de saint Déicole. — 604, Carnot et Lamennais. — 636, Bibliographie : Apostolat de saint Martial. — 882, Pierre Talois. — 1011, Martial Gallicher.

Tome XXXIV. — P. 239 *bis* et 249, Le culte des saints de France, par l'abbé Haghe. — 257, Saint Martial à Rome. — 299, Leggenda di S. Marziale. — 466, M. le chanoine Thézard. — 486, Discours de Léon XIII aux pèlerins de Limoges. — 581, M. G. Tandeau de Marsac, nécrologie. — 1187, Les Origines des Eglises et les Fastes épiscopaux. — 1272, Saint Pardoux de Guéret et Lantaire, comte de Limoges. — 1324, Saint-Léonard. L'église.

Tome XXXV. — P. 174, L'église de saint Léonard. — 304, Ancienne vie de saint Martial. — 586, Panégyrique de Saint-Léonard. — 655, Saint-Léonard. Pèlerinage de Limoges. — 684, Saint-Junien. — 938, Anciennes foires de Limoges. — 1123, Restauration de la chapelle de Sainte-Croix, à la Cathédrale. — 1452, Saint Martial des Ardents. — 1486, Séquence en l'honneur de saint Martial des Ardents. — 1568, Sainte Valérie.

Tome XXXVI. — P. 56, Séquence de saint Martial. — 782, Les chevaliers de Saint-Martial. — 870, Saint-Vincent-de-Paul. — 1062, Neuvaine en l'honneur de saint Martial. — 1127, Culte de saint Martial en Espagne. — 1287, Sainte Thérèse. — 1446, Saint Martial, apôtre de Limoges, par Mgr Bellet. — 1645, Vision de Noël.

Tome XXXVII. — P. 121, Cantique à la Vierge, xve siècle. — 583, Les archiprêtrés de l'ancien diocèse de Limoges, par M. Deloche. — 679, Dévotion au Sacré-Cœur. — 1527, Etienne de Salagnac.

Tome XXXVIII. — P. 270, Le P. Joseph Roux. — 416, 762, Les principales reliques de la Vraie Croix. — 575, Vie de saint Yrieix. — 732, Trois sacristes Limousins : Jean de Limoges, Pierre Ammalius, Pierre Assalbit. — 878, Jean Rigauld et la Vie de saint Antoine de Padoue.

BULLETIN MONUMENTAL publié par la Société française d'archéologie. — Tome XIII (tome III de la 2e série), 1847, p. 610, le Tombeau de saint Junien ; p. 651, Dalle funéraire de Martial Formier, à Saint-Junien. — Tome XXVII (tome VII de la 3e série), 1861, p. 656, Visite du Congrès scientifique au musée lapidaire de Bordeaux. — Tome XXVIII (tome VIII de la 3e série), 1862, p. 297, Fouilles de Chassenon. — Tome XXXI (tome I de la 4e série), 1865, p. 207, Mort de M. l'abbé Roy-Pierrefitte ; p. 604, Inscriptions et reliques trouvées dans la boule du clocher de Saint-Pierre de Limoges. — Tome XXXII (tome II de la 4e série), 1866, p. 175, Chapelle de Sainte-Valérie dans la cathédrale de Limoges. — Tome XXXIII (tome III de la 4e série), 1867, p. 809, L'église de Saint-Junien. — Tome XXXIV (tome IV de la 4e série), 1868, p. 407, Rochechouart et ses monuments.

III. — *Contribution à divers ouvrages collectifs.*

LA LYRE CHRÉTIENNE DU XIXe SIÈCLE, ou recueil de poésies religieuses contemporaines : (Limoges, P. Durand et Cie ; Paris, Debécourt et Duprat, 1842, in-8°). Les deux colombes du cimetière, p. 235 ; Le départ d'un ange, p. 240 ; La mère du chevalier, p, 244 ; L'Hermite et le Pèlerin, p. 250. (Ces morceaux sont anonymes).

Felletin, poésies d'un Collège chrétien de 1846 à 1853, recueillies par M. l'abbé H. Delor. (Paris, Ch. Douniol, et Limoges, Leblanc, 1854, in-18). L'Hermite et le Pèlerin, p. 9 ; Loger les pèlerins, p. 16 ; Grand congé de M. le supérieur : deux ascensions au mât de cocagne, p. 87 ; Couplets à M. l'abbé Cohadon, p. 117 ; Prophétie de Merlin, p. 142 ; Distribution des prix : souvenir et espérance, p. 147 ; Chanson à M. l'abbé Brunet, p. 165 ; A Villefort, p. 304. (Ces morceaux ne portent pas le nom de l'auteur).

Album historique et pittoresque de la Creuse, publié par P. Langlade. (Aubusson, Vᵉ Bouyet, 1847), p. 41, Felletin.

Congrès archéologique de France, séances générales tenues en 1847. Caen, 1848, p. 425, Note sur la chapelle de Notre-Dame, à Saint-Junien.

Congrès scientifique de France, 26ᵉ session, tenue à Limoges au mois de septembre 1859 (Paris, Derache, et Limoges, Chapoulaud, 1860). Carte géographique du Limousin, période gallo-romaine, II, 130. — Documents inédits sur l'apostolat de saint Martial, et antiquité des églises de France, II, 136. — Tombeau de Bernard Brun, II, 369.

Assises scientifiques de Limoges (Institut des provinces de France). (Limoges, Chapoulaud frères, 1867), p. 56, Rorice l'ancien ; p. 76, Ermites du Limousin.

Récits de l'histoire du Limousin publiés par la Société archéologique et historique du Limousin, avec le concours de membres des Sociétés savantes des trois départements limousins. (Limoges, Marc Barbou et Cⁱᵉ, 1885, in-8°). Chapitres rédigés par M. Arbellot : II. Saint Martial et le Christianisme en Limousin, p. 23 ; VI. Incursions des Normands, p. 81 ; IX. Les Limousins aux Croisades, p. 121 ; XIII. Mort de Richard Cœur-de-Lion, p. 179.